Richesse 101 pour ados

Natalie Grignon, CDFA® CIM®

Dédicaces

À mes enfants, vous méritez la meilleure version de moi. Ma vie, sans vous, aurait été sans magie.

Et à vous tous,
que vous êtes dans ma vie présente
ou non,
vous avez formé ma vie.

J'ai de la gratitude, je suis bénie.

ISBN :   978-1-9994684-2-2

Page couverture : BDT Covers
Photographie de l'auteur : Eva Ricci Studios

Ce livre

est séparé en 4 sections :   Budget, inflation, intérêt et placements.

Introduction

Je voulais écrire ce livre parce que j'ai fait la rencontre de plusieurs personnes avec une connaissance très minime des finances. Avec ce peu de savoir-faire, il est impossible de prendre de bonnes décisions durables et de passer de bonnes pratiques à l'autre génération.

Ce livre aura peut-être des erreurs de frappes (ou autres), et le langage est gardé le plus simple possible. Le but n'est pas de gagner un prix littéraire. La raison principale de ce livre est seulement pour accompagner les ateliers, et/ou donner les informations financières de base.

Être parent c'est de donner la meilleure éducation possible à nos enfants, et vouloir leurs bonheurs et succès.

On peut tous voir le succès différemment. Pour certains, c'est simplement vivre plus bas que nos moyens et ne pas avoir de dettes.

La Banque du Canada a publié qu'au Canada, la dette des ménages représente quelque 170% du revenu disponible.

(source : https://www.banqueducanada.ca/2018/05/economie-canadienne-dette-menages-ampleur-probleme/?_ga=2.107798917.604393592.1556561352-1744629693.1556561352)

Trop de jeunes adultes finissent leurs études avec des dettes de cartes de crédit et vivent plus haut que leurs moyens. La génération Instagram et Youtube a du plaisir à montrer sur les réseaux sociaux la grande vie qu'elle mène.......Les voyages, les voitures et les méchantes cabanes. Mon fils de 15 ans connait les détails des voitures de luxes comme un comptable-fiscaliste connait les lois fiscales. Les prénoms nommées autour de la table n'est pas de ses amis, mais de jeunes qu'il suit sur Youtube.

A 15 ans, il parle déjà de sa première voiture, de vivre en appartement, de la liberté de ses choix et de ses sorties au Starbucks ou Mcdo.

OK, il n'a pas eu encore une bonne dose de réalité, il n'a jamais été obligé de manger du riz blanc à chaque jour jusqu'à sa prochaine paye....

Il pense aussi qu'avec un emploi à temps partiel, il va pouvoir vivre en appartement, seul, et avoir une voiture. Vous pensez surement que l'ado n'a rien appris de sa maman..... Les ados écoutent-ils vraiment leurs parents lorsqu'ils parlent de budget ?

J'ai mentionné qu'il a besoin d'un emploi stable et fiable, (on ne quitte pas la maison après une semaine de travail). Le prix d'un loyer, hydro, épicerie, voiture et le reste peut facilement totaliser 2,000$ par mois.

Si tu es un ado qui a hâte de quitter la maison de tes parents et avoir cette liberté, ce livre est pour toi.

Dans ce livre, il y a les informations financières de base pour commencer la vie en tant qu'adulte, et de bâtir maintenant une habitude saine en gestion de budget.

Chapitre1

Budget 101 : pour l'ado avec de l'argent de poche.

Ton argent de poche, les sous que tu ramasses en faisant
des petites jobbines, ou l'argent de ta fête ou à noël....
Cet argent, pas obligé de tout dépenser...
Il faut prendre l'habitude d'épargner.   On dit souvent qu'il
faut épargner 10% de notre paye.   C'est un bon début.
Mais si on a rien à payer, pas d'hydro ni de loyer, (ou
autres) pourquoi pas épargner 15 ou 20 % ?

Quoi faire avec ces sous épargnés ?   Les institutions
financières offrent des comptes pour étudiants, avec peu
ou pas de frais (avec des nombre limités de transactions
mensuelles) .

Tu veux t'acheter le nouveau Xbox ou un nouveau cellulaire ?

Voici un exemple :

- un ado de 15 ans
- avec des sous à sa fête, à noël et lorsqu'il fait des tâches ménagères
-avec environ 60$ par mois.

Montant total :   60$

- Épargne pour Xbox : 30$
- Compte épargne : 6$
- Mcdo :   14$
- Autre : 10$

Le 6$ représente 10% du 60$ total

Si le 6$ d'épargne semble très bas, tu peux augmenter. Le but c'est de créer une habitude sans trop d'efforts . Si cela semble facile et sans frustrations, tu vas pouvoir tenir le coup. Après quelques temps, essaye 15 ou 20% pour voir.

Comment garder un œil sur nos épargnes ?   Un fichier
Excel est bien pratique.

Ou simplement écrire sur un calendrier.

Par exemple, si tu as toujours tes sous un vendredi,   tu
peux l'écrire sur un calendrier papier, ou une version sur
ton IPhone.

Il faut décider le montant de l'épargne (ou pourcentage)
avant de recevoir les sous, comme ça on est bien préparé.
Une mauvaise habitude à prendre c'est de penser qu'on
épargnera le restant…………

Prendre

L'habitude

D'épargner

Chapitre 2   pour l'ado avec un emploi à temps partiel.

Il y a juste une chose qui faut faire pour avoir le contrôle de nos finances : établir un budget.

Ou plutôt un budget réaliste.

Pourquoi ? Parce que la première étape d'une finance personnelle réussite c'est de connaitre nos chiffres.

Lorsqu'on part en voiture, à une nouvelle destination, nous utilisons un GPS. Sinon, on roule sans savoir comment s'y rendre, ou à peut-prêt....

Est-ce qu'on est mieux d'avoir un GPS qui nous guide, ou de s'arrêter au cours de la route pour demander des directions ?

Un plan financier, ou même un budget, nous guide comme un GPS.

La création d'un budget, (soit la toute première fois, ou après un certain temps) :

-   Nous force à faire face à la réalité. Ça va peut-être nous donner un choque. C'est donc normal d'être un peu fâcher pendant cet exercice. Mais connaitre la vérité est important pour produire un plan financier, ou un simple but.
-   Va changer de temps en temps. On oublie des choses, comme des dépenses annuelles. Le meilleur truc est de le faire dans un fichier Excel.
-   Il faut être honnête. Ne pas mettre $100 dans 'cadeaux de fêtes' si on en dépense $400.
-   Réaliser que les dépenses s'accumulent vite. Le café du matin. L'oublie de lunch, et hop on va à la cafétéria, où un sandwich et salade est $15 plus taxes. Une amie vend du **Avon** ou **Tupperware**, et c'est une autre facture de $100.

Connaitre nos chiffres : c'est la base de nos finances.

Chapitre 3

Créer un budget avant de vivre seul.

Vivre seul, sans les parents, est le rêve de tous les ados. Dans le chapitre 2, on mentionne que créer un budget et connaitre nos chiffres est cruciale pour avoir un succès financier.

Voir ici-bas la liste des choses qui faut inclure dans un budget.

En premier lieu, il faut inscrire les trois plus grosses dépenses; logement, transport et épiceries.

Logement, transport et épiceries.

Si, après avoir inscrit les 3, on est rendu presqu'au maximum de nos revenus, on n'est pas dans une bonne position. Pourquoi donc ? Parce que nous n'avons rien fait encore.

Deuxièmement, il faut indiquer les dépenses fixes, les choses que nous ne pouvons pas éliminer facilement. Hydro, assurances maison et voiture.

Ensuite , les dépenses qu'on peut éliminer, mais on devrait peut-être pas, comme les assurances-vie. (ou celle qu'on ne veut pas; comme l'internet) .

Après: les dépenses qu'on peut éliminer, assez facilement, comme les sorties au resto et cinéma, etc.

Sommaire :

Les 3 plus grosses dépenses :

- Loyer
- Transport (paiement de voiture ou transport en commun)
- épiceries

Ne peut pas éliminer :

- Hydro
- Assurance voiture
- License, essence

Peut éliminer, mais on devrait peut-être pas….

- Assurance vie et maison
- Entretien voiture
- Vêtements

Est-ce qu'on peut vivre sans.......

- Téléphone, cellulaire
- Internet, WIFI et cable.

Et les extras....

- Resto
- Gym
- Cafés
- Coiffure, ongles

Et pour certains :

- Garderies, frais de garde

Étude de cas :

- ## Patrick 19 ans
  - 1,100$ revenu net mensuel
  - 1,292$ dépenses totales mensuelles
  - Ceci est un vrai cas, mais le prénom a été changé.
  - Il m'a confié qu'il ne sait pas comment il s'est rendu là.
  - Il est en train d'accumuler des dettes.
  - Il travaille environ 20 heures semaines
  - Ses parents payent encore ses études. (il ne qualifie pas pour un prêt-bourse)
  - Il est partie de la maison lorsqu'il a trouvé un coloc.
  - Il pensait avoir du plaisir avec son ami en logement.
  - Ce n'était pas nécessaire de quitter la maison, puisque ses parents habitent proche de l'école et son travail.
  - Ils partagent tous les frais, excepté pour les cellulaires et passes d'autobus.

Les paiements mensuels de Patrick :

- Loyer $375
- Passe d'autobus $120
- Épiceries $120
- Hydro $75
- Assurance maison $22
- Vêtements $50
- Cellulaire $90
- Internet, WIFI, cable $110
- Resto (Mcdo ou pizza) $75
- Gym $15
- Cafés (2.81$ à tous les jours) $60
- Bières, autres $100

De première vue, on remarque qu'il dépense plus qu'il gagne.

Le paiement total du loyer de $750 est le coût moyen d'un appartement dans la région de Montréal, il voulait habiter dans le secteur de Lachine.

(voir info : https://montrealgazette.com/news/local-news/renters-rule-in-montreal-spending-an-average-835-monthly-on-housing)

Astuce pour parents :

Les enfants nous écoutent, mais ils regardent aussi nos comportements face à l'argent. Votre budget devrait être à jour.

Recommandations possibles pour Patrick :

- Arrêter les sorties aux restos
- Boire du café à la maison
- Arrêter les fêtes et la boisson

Avoir du plaisir, faire des sorties et faire la fête sont les raisons premières de quitter la maison.

Donc, on a les sous pour faire la fête lorsqu'on habite chez nos parents, mais nous n'avons pas la liberté.

Nous avons la liberté complète de nos décisions et notre temps lorsqu'on vit seul, mais nous n'avons plus d'argent.

Autres points saillants :

Il n'y a pas d'épargne dans le budget ni d'assurance-vie.

Il y a donc 2 solutions possibles pour Patrick;

- Chercher un coloc de plus et partager les coûts à trois
- Retourner chez ses parents

Pour prendre une décision, il décide de faire une liste des avantages et inconvénients des 2 solutions.

1)Avoir un deuxième coloc :

- J'ai encore ma liberté
- Plus de monde, plus de plaisirs
- On partage les coûts, donc mon budget va être mieux

Par contre :

- Plus de monde = plus de ménage
- Je ne suis pas certain que les 2 autres vont vraiment nettoyer
- Je n'aime pas trop les amis du deuxième coloc
- Si les 2 ne payent pas leurs parts du loyer, je vais devoir payer
- Je suis le plus sérieux des trois, ce qui me fait un peu peur...
- Le risque financier est grand si les 2 décident de partir

2) Retourner chez les parents. Je vais perdre une grosse partie de ma liberté.

Par contre voici les avantages :
- Je vais avoir plus d'argent
- Je vais pouvoir épargner
- Je vais pouvoir acheter ce que je veux
- Je vais penser au futur (achat d'assurance-vie)
- Responsable uniquement de mes propres actions, pas celles de mes colocs
- Avec mes parents, je n'ai pas peur de me faire voler quelque chose
- Chez mes parents, je fais le ménage de ma chambre seulement, pas la maison entière.

La décision de Patrick ? Il a décidé de retourner vivre avec ses parents. Ce n'était pas son idée de toute façon, c'est son ami qu'il l'avait convaincu d'aller vivre en logement. Patrick a réalisé qu'il est trop jeune pour avoir autant de responsabilités financières. Patrick est chanceux, il a eu le droit de retourner vivre chez ses parents.

Voici les questions à se poser avant de partir en logement avec un coloc :
-   Est-ce que c'est une personne fiable, responsable. Est-ce qu'il va quitter le logement sans payer et me mettre dans le pétrin ?
-   S'il perd son emploi, est-ce qu'il va être capable et assez mature pour chercher tout de suite un autre emploi, ou je vais devoir tout payer ?
-   Si un de nous deux commence une relation amoureuse sérieuse, ça va être quoi la prochaine étape ?
-   Est-ce que nous avons les mêmes valeurs ? Est-ce qu'il va faire du bruit pendant que j'essaie d'étudier ou dormir ?
-   Qui fait quoi ?   Faire l'épicerie, cuisiner, faire le ménage, sortir les vidanges, pelleter la neige?
-   Est-ce qu'il veut un animal de compagnon ? Si oui, chat, chien, reptile, serpent ?
-   Si on a trop de problèmes, qui quitte et qui reste ? A qui vont les choses achetées ensemble ?

Astuces pour parents :

Les ados comment très tôt à rêver de quitter la maison. Il ne faut pas attendre qu'ils ont 17 ou 18 ans pour avoir une conversation sur le budget. Regardez ensemble les sites comme KIJIJI, voir le coût des logements. Et ne pas oublier qu'il y a une différence de prix entre les villes, les quartiers, si c'est meublé ou non, avec ou sans salle de lavages, etc.

Lorsque vos enfants quittent la maison, ne vous dépêchez pas à convertir leurs chambres en studio de photo ou d'exercice. Un peu voir les chiffres avec Statistiques Canada : entre 2001 et 2016, le nombre de jeunes adultes (entre 20 et 34 ans) qui vivent avec un parent augmente à chaque recensement. Ils partent trop tôt, et reviennent pour terminer leurs études ou amasser des sous.

Tu vis chez tes parents et tu as du plaisir à acheter des cafés de chez Starbucks, de la pizza ou du Mcdo de temps en temps ? Tu vas devoir éliminer ça si tu quittes en logement, car c'est trop de dépenses.

Chapitre 4: mon histoire

Comme plusieurs autres filles, ma première jobbine était de garder des enfants. C'était sur une base régulière, donc je pouvais compter sur ce revenu. L'année avant mon secondaire 5, je savais qu'il fallait économiser pour ma graduation. Je voulais payer tout moi-même, je ne voulais pas demander des sous à ma mère.

Voici la liste des choses que je voulais payer, (prendre note que ceci était dans le début des années 90, et trouver une robe de notre choix pour 200$ était possible.)

Budget pour la graduation:

- Robe 200$
- Bijoux et sac à main   40$
- Souliers   30$
- Maquillage 20$
- Billet pour la graduation 100$
- Taxi (aller-retour) $30
- Total :   420$

Je suivais ce budget et lorsque j'avais assez des sous je me permettais de faire quelques achats de vêtements ou souliers.....

Cette expérience m'a permis de comprendre un but d'épargne à long-terme (un an est quand même long pour un ado). Pouvoir payer tout moi-même lors de ma graduation était un bel accomplissement.

Sommaire

Si tu es un ado avec de l'argent de poche, il faut que tu apprennes maintenant l'habitude de faire un budget et épargner. Être capable d'épargner 10% maintenant est une bonne base pour plus tard.

Si tu rêves de partir en appartement seul bientôt, assures-toi de bien connaitre les coûts de la vie. Il faut être réaliste et considérer ces facteurs :

- Créer un budget et connaitre nos chiffres démontre à nos parents qu'on y a réfléchi comme il le faut.
- Combien d'argent qu'il faut pour le déménagement, pour le 'move' initiale ? Il y a peut-être un dépôt sur le logement et l'hydro.
- L'appartement est meublé ? Il faut savoir combien d'argent que nous avons besoin pour un lit, sofa, table de cuisine, etc.
- Dans certaine province, le propriétaire peut demander un dépôt équivalent à 2 mois de loyer.

- Pas de crédit ou mauvais crédit ? Dans certain cas, les propriétaires ne veulent pas louer a des jeunes adultes sans crédit, mais accepterons un cosignataire. Le cosignataire a l'obligation de payer s'il y a défaut de paiement.
- Et les défauts de paiements peuvent avoir des conséquences graves à notre dossier de crédit et avec la Régie des logements.

Inflation

Chapitre 5 : Qu'est-ce que l'inflation ?

Voici l'exemple le plus simple :

Coût d'un panier d'épicerie en juin 2017 :   100$

Coût d'un panier d'épicerie en juin 2018 :   102.22 $

En juin 2018, l'épicerie a coûté 2.22% de plus qu'en 2017. L'inflation est une augmentation constante du niveau général des prix pour les biens et services.

Voici le taux d'inflation des dernières années :

- 2016 : 1.55%
- 2015 : 1.34%
- 2014 : 1.03%
- 2013 : 2.03%
- 2012 : 1.07%
- 2011 : 1.16%
- 2010 : 3.17%

Vous pouvez voir ces informations sur le site de la Banque du Canada.

Ref: https://www.banqueducanada.ca/taux/renseignements-complementaires/feuille-de-calcul-de-linflation/

La banque et le gouvernement du Canada ont adopté un régime de ciblage de l'inflation, avec un objectif de maintenir à moyen terme le taux d'accroissement de l'IPC global (indice des prix à la consommation) à 2%. (La fourchette est de 1 à 3%).

La **Banque du Canada** est la banque centrale du pays.

Son rôle principal est de favoriser la prospérité économique et financière du Canada avec quatre fonctions principales :

- **Politique monétaire**
- **Système financier**
- **Monnaie**
- **Gestion financière**

Maintenir l'inflation à un niveau bas est stable est sous la responsabilité de la politique monétaire.

Inflation ou coût de la vie ?

On interchange souvent les mots 'coût de la vie' avec 'l'inflation'. Au lieu de parler du taux d'inflation, on va dire que le cout de la vie augmente.

Il faut regarder l'inflation dans son ensemble. L'inflation est exprimée en fonction du taux d'augmentation sur un an de l'IPC (indice des prix à la consommation global) . L'estimation de l'IPC est composée de biens et services tels que les aliments, le logement, le transport, les vêtements et d'autres articles. Le taux d'inflation, qui se maintient entre 1 et 3%, est pareil à Toronto qu'à Montréal.

Lorsqu'on parle du coût de la vie, on va dire, par exemple, que ça coute plus cher vivre à Toronto qu'à Montréal.

Par exemple,   un 3 ½ à Toronto est environ $1400 par mois, comparer à Montréal qui est à $900 par mois. C'est 55% de plus. *

Le prix moyen d'une maison unifamiliale à Toronto est à 1.2 million $, comparer à Montréal a 325,000$.*

(* du site Workopolis Octobre 2016)

Pour plus d'information sur l'inflation :

https://www.banqueducanada.ca/grandes-fonctions/politique-monetaire/inflation/?_ga=2.30454783.1179662511.1562707830-524287218.1562707830

Chapitre 6 : Pourquoi c'est important pour un ado

L'inflation n'est pas une inquiétude pour un ado. Par contre, lorsque tu veux acheter ton frappé régulier avec ton change exacte et que la caissière t'annonce que le prix a augmenté, tu n'es sûrement pas content.

Voilà, c'est ça l'inflation, et ça touche tout le monde.

On peut remarquer aussi que parfois le prix reste pareil, mais la quantité diminue, comme exemple, le 1kg de beurre d'arachide est maintenant 970g.

Tu épargnes pour acheter un *scooter* dans plusieurs années ? As-tu pris l'inflation en considération? Un scooter de 2,000$ aujourd'hui va peut-être couter 2,120$ dans trois ans.

Pourquoi c'est important ? Tu vas commencer à t'habituer au prix d'aujourd'hui, tel que les sorties au cinéma, le café et les vêtements. Dans quelques années tu va trouver que tout est plus cher, et tu vas avoir raison.

Et ta voiture de rêve. Par le temps que tu vas être prêt à conduire, les prix ne seront pas les mêmes qu'aujourd'hui....

Chapitre 7 : L'importance de s'en rappeler dans le futur

i)   Ton travail
ii)   Tes épargnes

i)   Pourquoi penser à l'inflation lorsque je
        chercherai un emploi

Plusieurs personnes que je rencontre m'ont dit de ne pas avoir reçu d'augmentation de salaire depuis plusieurs années. Il faut donc réaliser que s'il y a 2% d'inflation par année, mais notre salaire reste pareil, on est plus pauvre aujourd'hui qu'il y a 5 ans.

Ces mêmes personnes se sentent plus démuni aujourd'hui, ont plus de dettes et n'ont pas le contrôle de leurs budget.

Ce n'est peut-être pas important lorsque c'est notre premier emploi, mais il faut garder ça en tête lorsqu'on négocie notre emploi de rêve. Avoir le choix, on peut prendre l'emploi qui va nous offrir une augmentation salariale annuelle.

ii)   Pourquoi considérer l'inflation lorsqu'on se
        prépare à épargner ?

Rappelles-toi que l'inflation se maintient pour l'instant
entre 1 et 3 %.

Si on épargne 100$ et on le laisse tel quel dans un compte
qui rapporte moins que 1% de rendement annuel, on
comprend donc que le 100$ vaut moins après un an parce
que ça n'a pas suivi l'inflation ....

C'est pour cela que les gens veulent faire des placements
avec leurs épargnes pour, au minimum, combattre
l'inflation. Le prochain chapitre explique la magie de
l'intérêt composé.

Sommaire:

L'inflation est un élément essentiel lors de la préparation d'un plan financier.

N'oublies-pas qu'un salaire stationnaire ou un compte de banque non investi va t'appauvrir à long terme.

Intérêt

Chapitre 8 :

Mon histoire

Lorsque j'avais environ 8 ou 9 ans, je ne comprenais pas trop le mot intérêt, surtout à cause des différentes réactions au mot intérêt.

Parce que j'avais porté attention à une conversation entre adultes et une des personnes avait dit 'je paye tellement d'intérêts, je suis tanné'. Donc dans ma tête de pré-ado, je me suis dit que l'intérêt ce n'est pas bon.

Un autre jour et une autre personne a fait un commentaire du genre: ' je suis content, aujourd'hui j'ai reçu mes intérêts.'

Alors je me questionnais; l'intérêt, c'est bon ou pas ?

Éventuellement j'ai compris que l'intérêt est un montant, un pourcentage fixe, payé sur l'argent emprunté.

Donc, je vais payer de l'intérêt lorsque j'utilise une carte de crédit et je garde un solde à la fin du mois. Il y a de l'intérêt qui va s'accumuler parce que j'ai acheté quelque chose avec l'argent de la banque. (Je paye donc de l'intérêt a la banque pour de l'argent emprunté)

Donc l'inverse, on **reçoit** de l'intérêt lorsque la banque emprunte notre argent. (notre argent est emprunté à la banque sous forme de placement) Les placements sont expliqués plus tard.

Chapitre 9 :
Intérêts et cartes de crédit

La carte de crédit peut être utile pour faire l'achat d'un billet d'avion ou acheter quelque chose en ligne. Mais il y a aussi des dangers.

Voici les questions souvent posés par les ados :

1) C'est quoi exactement une carte de crédit ?
2) Comment je peux en obtenir une ?
3) C'est quoi la cote de crédit, pourquoi c'est important ?
4) Pourquoi les gens sont souvent dans le trouble avec les cartes de crédits ?
5) C'est quoi la limite que je peux dépenser?
6) Pourquoi certaines personnes ont plusieurs cartes?

C'est quoi exactement une carte de crédit ?

Beaucoup d'ados ont une carte de **débit**. Mes enfants savent comment acheter des choses en utilisant le 'paypass', et lorsqu'il n'y a plus de sous dans le compte, l'achat est refusé.......Tu as donc trop dépensé.

La carte de débit est reliée à un compte de banque, et les sous sont enlevés du compte immédiatement avec l'achat.

La carte de **crédit,** c'est différent.   On peut avoir une carte de crédit de la banque TD, sans avoir un compte bancaire avec TD.

La carte de crédit a une limite, par exemple, ta première carte peut avoir une limite de 500$.

Les achats avec la carte de crédit n'est pas débiter (enlever) du compte bancaire. On reçoit, à la fin du mois un état de compte avec notre solde. L'état de compte indique toutes les transactions fait au courant du mois.

Pourquoi les gens tombent dans le trouble avec les cartes de crédits ? Parce que lorsqu'on reçoit l'état de compte avec le solde, on n'est pas obliger de le payer en entier, on peut juste payer le minimum. Le solde non-payé accumule de l'intérêt.

Le taux d'intérêt est souvent entre 18 et 22% pour une carte de crédit.

On peut donc imaginer ce que les gens font ….. Carte de crédit au maximum, on paye seulement le minimum, on prend une autre carte, et on recommence.

Il faut être responsable avec l'utilisation d'une carte de crédit.

Comment je peux en obtenir une ?

Il faut faire une application pour obtenir une carte de crédit.

Parfois on reçoit une lettre par la poste avec une carte et limite 'pré-approuvé'.

Sinon, on peut faire la demande en ligne avec notre institution bancaire.

L'application va être étudié et approuvé dépendamment de notre emploi, salaire et côte de crédit

C'est quoi la cote de crédit, pourquoi c'est important ?

La cote de crédit est un chiffre entre 300 et 900, 300 étant très mauvais.

Pas avoir de crédit n'est pas aussi néfaste que d'avoir une mauvaise cote de crédit, mais ça peut être aussi difficile d'obtenir du crédit.

Notre cote de crédit est basée sur nos informations personnelles et ces informations sont gardées par des bureaux de crédit.

Ces bureaux de crédit s'occupent de réunir, de garder à jour et de rendre disponibles à leurs clients les informations relatives à l'état de tes finances personnelles. Les clients des bureaux de crédit paient un certain tarif pour avoir accès aux dossiers des personnes à qui ils pensent accorder du crédit.

Un dossier de crédit contient tous les renseignements relatifs à tes engagements de crédit actuels et passés. Ces renseignements peuvent être communiqués à un créancier, et lorsque tu fais une demande de crédit.

C'est important de vérifier ton rapport de crédit sur une base régulière et contacter les bureaux de crédit s'il y a une erreur. Malheureusement, personne n'est à l'abri du vol d'identité.

Certaines institutions financières donnent gratuitement la cote de crédit, avec un lien sur leur site-web.

Comment garder notre cote de crédit haute :

- Payer nos comptes en temps
- Garder un solde de dettes très bas.
  Ne dépassez pas votre limite de crédit et n'utilisez
  qu'un pourcentage du crédit dont tu disposes.
  Essayes de n'utiliser que 30-35 % du crédit dont tu
  disposes.

C'est important de garder une bonne cote de crédit pour
les achats futurs comme une voiture et maison.

Plusieurs employeurs regardent les dossiers de crédit pour
évaluer leurs candidats. Certaines carrières, comme dans
les corps policiers ou en finance, on doit avoir un bon
dossier de crédit et ne pas avoir un dossier criminel.

Pourquoi les gens sont souvent dans le trouble avec les cartes de crédits ?

Il y a plusieurs causes de l'endettement, tel que l'utilisation excessive du crédit et la mauvaise gestion financière.

Plusieurs jeunes adultes commencent avec une carte de crédit avec une limite de 500$. Quelques sorties au restaurant et des achats de vêtements et ont est déjà rendu a 500$.
On obtient une autre carte de crédit, et on fait la même chose. On reçoit l'état de compte un mois plus tard, et nous avons plus de sous pour payer le solde.

Ça devient un cercle vicieux, et on retire de la carte Visa pour payer la MasterCard.

Qu'est-ce qui arrive si on paye seulement le minimum sur notre carte ? Les intérêts s'accumulent très vite....

Par exemple :

- Carte avec solde de 500$
- Taux d'intérêt : 18.9 %
- Paiement minimum est de 20$
- Si on paye seulement le minimum de 20$, ça va prendre presque 3 ans pour le payer en entier et on va avoir payé un total de 141$ d'intérêt.

C'est quoi la limite que je peux dépenser?

Oui, ça existe des cartes sans limites, comme la carte blanche de Stratus, et il faut être invité pour l'avoir. Pour être considéré, il faut avoir une très grosse richesse et un abonnement à un jet privé.

Pour le commun des mortels : nous avons une limite sur notre carte.

Les jeunes adultes que je rencontre me disent que leur première carte de crédit avait une limite de 500$, et c'était très facile de la remplir avec des achats de souliers, vêtements et sorties au resto et cinéma.

Lorsqu'on commence à avoir des sous, c'est normal de vouloir faire plein de choses. Les sorties, faire la fête, et acheter des choses que nous avons toujours voulu.

Il faut être conscient que dépenser, c'est facile. Et si on le fait sans budget, sans plan, on tombe facilement dans un cercle vicieux de dettes.

Le seul truc est de faire un budget, et si on utilise une carte de crédit pour accumuler des points, il faut payer le solde en entier à la fin du mois. (Certaines cartes offrent des points à l'utilisation de la carte. Les points peuvent être échangés contre des articles ou voyages.)

Pourquoi certaines personnes ont plusieurs cartes?

Aussi longtemps que notre cote de crédit est bonne, notre application pour la carte de crédit va être approuvée. (il y a d'autres facteurs, incluant emploi et salaire)

On reçoit des lettres par la poste ou un courriel avec une carte 'pré-approuvé', les institutions financières font une fortune avec nos paiements d'intérêts.

On a donc plusieurs cartes de crédits en même temps et on commence à faire l'utilisation.

Il va toujours avoir une raison valide pour l'utiliser :

- J'ai besoin des vêtements pour le mariage de ma tante.
- J'ai oublié mon lunch à la maison
- C'est la fête à mon ami
- Mes amis font un voyage, et je veux y aller aussi

Prendre l'habitude de payer le solde à la fin du mois.

Chapitre 10:
Hypothèques

Une des questions que j'aime poser aux ados, c'est :
combien coûte une maison ?

Plusieurs ont une idée. Il y a tellement de sites de maisons
à vendre. Et parfois, les ados ont une discussion avec leurs
parents.   Mais aussi, certains répondent 5,000$ ou
50,000$.

C'est donc tout un choque pour des ados lorsque je dis
qu'un bungalow dans mon coin est environ 400,000$. (et
certains pensent qu'il faut payer le tout en comptant
maintenant)

Pour des gros achats comme une voiture, bateau, maison,
et autres, on n'est pas obliger de payer comptant, il y a
des prêts et hypothèques pour ça.

C'est quoi une hypothèque?

- C'est un comme un prêt, d'une banque ou autre prêteur.
- Calculé sur un plan de paiement de 25ans (ou moins d'années si on veut)
- Le taux n'est pas pareil pour ces 25ans, mais plutôt négocié à chaque période de 1-5 ans.
- Plusieurs utilisent des périodes de 5 ans
- Le taux d'intérêt peut être fixe ou variable.
- Le taux fixe de 5 ans, veut dire que le taux ne change pas pour ces 5 ans.
- Le taux d'intérêt variable peut diminuer ou augmenter selon le taux du marché. Et oui, cela veut dire que notre paiement mensuel peut changer aussi (donc c'est difficile pour un budget serré)

- Si on pense que les taux vont augmenter bientôt, on devrait prendre un taux fixe.
- Si on pense que les taux vont diminuer, pourquoi ne pas prendre avantage avec un taux variable ?
- Pour être accepté pour une hypothèque, les prêteurs regardent tous nos informations personnelles. Notre dossier de crédit, cote de crédit, notre emploi, notre salaire, etc.
- Il faut avoir une mise de fonds (la portion du prix d'achat de la propriété qui provient de vos économies). Si le prix de la maison est moins de 500,000$, il faut avoir une mise de fonds de 5%. Et 10% si c'est plus que 500,000$.
- Par exemple, une maison de 400,000$: tu as besoin d'une mise de fonds de 20,000$.
- La mise de fonds n'est pas la seule dépense. Il y a, entre autres, le frais du notaire et la taxe de bienvenue. Sans blague, ta ville va te souhaiter la bienvenue avec une taxe. La taxe de bienvenue pour une maison de 400,000$ à Montréal est environ 4,500$.
- Lors de l'achat de ta première maison, la banque va peut-être demander un cosignataire. La personne est responsable de payer si tu ne payes pas.

Au Canada, il y a un programme pour aider à l'achat de notre première maison. * Le **régime d'accession à la propriété (RAP)** permet de retirer jusqu'à 25,000$ de notre REER.

- Vérifie avec ton conseiller si tel programme existe dans ta province ou pays.
- Si l'achat d'une maison est une possibilité dans les prochaines années, il faut avoir la discussion maintenant avec ton conseiller.

*voir le site du gouvernement pour plus d'infos :
https://www.canada.ca/fr/agence-revenu/services/impot/particuliers/sujets/reer-regimes-connexes/est-regime-accession-a-propriete/comment-participer-regime-accession-a-propriete.html

Chapitre 11 : La magie de l'intérêt composé

La manière la plus simple d'expliquer la magie de l'intérêt composé a été donne par l'Université Stanford dans les années 60 et l'étude est reconnu sous le nom du 'marshmallow test'. (https://jamesclear.com/delayed-gratification)

L'étude a été faite avec une classe d'enfant d'âge prématernelle. Ils ont eu 2 choix :

Tu peux avoir et manger 1 marshmallow maintenant.

ou

Tu attends 20 minutes sans le manger et tu vas en recevoir un deuxième.

Attendre et doubler notre argent est possible grâce à la magie de l'intérêt composé, c'est-à-dire de faire de l'intérêt sur l'intérêt.

Qu'est qui est donc arrivé à ces enfants ?

Est-ce qu'ils ont compris le principe d'attendre et doubler notre argent. Est-ce qu'ils ont appris que la gratification instantanée va contre ce principe ?

Dans le cas de l'étude de Stanford, ils ont suivi ces enfants pendant 30 ans et ont découvert que :

Les enfants qui ont entendu les 20 minutes avaient plus de succès en finance et avaient une meilleure santé.

Qu'est-ce cela démontre ?

- Le problème de la gratification instantanée est réel.
- La gratification instantanée est plus accessible que jamais avec les achats en ligne et la livraison en 2 jours.
- Cela cause le manque de contrôle, la consommation excessive et l'endettement.

Certains me disent, bof 2 marshmallow au lieu d'un, ce n'est pas une assez grosse différence…….
C'est quand même le double. Lorsqu'on économise pour l'achat d'une maison ou d'une voiture, on a hâte que notre argent double. Ceci est possible grâce à l'intérêt composé.

Voici un autre exemple de l'intérêt composé:

(sans considérer les frais du compte, le rendement ou l'inflation)

Étape 1 :

- Tu as 100$
- Le taux d'intérêt est de 2%
- A la fin de la première année, tu vas avoir 102$

Étape 2

- Tu commences la nouvelle année avec 102$
- Taux d'intérêt est de 2%
- A la fin de la deuxième année, tu vas avoir 104.04$

Et ainsi de suite. L'exemple est simple et avec un petit montant et un petit taux, mais voici ce qu'il arrive avec des montants et taux plus hauts.

La règle du 72

Albert Einstein a théorisé cette règle qui permet de calculer le délai pour doubler son capital.

72 ÷ le taux d'intérêt = est le nombre d'années nécessaires pour doubler son capital.

Donc:

- $10,000 d'investi à 1.15 % va doubler en 48 ans
- $10,000 d'investi à 3 % va doubler en 24 ans
- $10,000 d'investi à 6% va doubler en 12 ans
- $10,000 d'investi à 12% va doubler en 6 ans.

Prenons le $10,000 investit à 12% pendant 48 ans, voici le résultat :

- Année 6 : $20,000
- Année 12 : $40,000
- Année 18 : $80,000
- Année 24 : $160,000
- Année 30 : $320,000
- Année 36 : $640,000
- Année 42 : $1,280,000
- Année 48 : $2,560,000

Est-ce qu'on préfère avoir 20,000$ ou 2, 560,000$ après 48 ans?

Il faut réaliser que le 12% de rendement avec un placement est un exemple seulement, et n'est pas garantie. L'explication des placements garantis sont dans les prochains chapitres.

Sommaire:

Pour avoir un succès financier,

il faut que l'intérêt travaille

pour nous,

et non contre......

Placements

Chapitre 12 : Pourquoi investir notre argent ?

Pourquoi investir notre argent ? La raison première est de faire des sous avec nos sous. Nous avons discuté la règle du 72 et avons vu que les chiffres sont vraiment différents dépendamment du taux d'intérêt. Demande à n'importe qui : est-ce que vous voulez 20,000$ ou $2.5 millions, et la réponse sera toujours la dernière.

Qu'est-ce que tu penses si je te dis que le $2.5millions n'est pas garantie ni sans risque ?

C'est pour cela que les gens ont parfois peur d'investir, car il y a des risques. Cette peur garde les gens investi dans des placements garantis avec un faible taux d'intérêt au lieu que dans les marchés boursiers (chapitre 17)

Chapitre 13

Mon histoire ; mes premières pensées sur les placements

Certaines personnes me posent la question 'c'est quoi ton histoire, tu as toujours voulu faire ce métier ?'. Ma réponse est la suivante :

À 12 ans, j'ai attendu une histoire que quelqu'un a devenu très riche grâce à ses actions de Pepsi. La personne a acheté au tout début pour quelques cents l'action (exemple 0.05$ par action) et qui valait des millions plus tard.

À 12 ans, je pensais que je connaissais tout et j'étais surprise de ne pas savoir ça. C'était la première fois que j'attendais les mots 'placements' et 'actions'. Je voulais en apprendre plus et mes premières questions étaient :

- Pourquoi je ne connais pas quelqu'un qui a des actions ?
- Pourquoi personne n'en parle ?
- À quel âge puis-je en acheter?

Premièrement, je viens d'une famille pauvre. Ma mère a 10 frères et sœurs, ils étaient tellement pauvres qu'ils n'avaient pas de pate à dents. Les conversations autour d'une table étaient des potins, pas les nouvelles du marché boursier, les placements et fiducie familiale.... (ok, donc désole à la famille, mais ça fait partie de notre histoire).

Deuxièmement, il faut avoir 18 ans pour ouvrir un compte de placement et acheter des actions.

Et enfin, l'achat d'actions ne garantit pas la richesse. Certaines personnes admettent d'avoir 'joué et perdu' à la bourse. Donc la question se pose : pourquoi investir dans les marchés financiers ?

L'expression 'ne pas mettre tous ses œufs dans un panier'
est valide. Le risque de notre portefeuille diminue avec la
diversification de nos placements. Si tu possèdes un
seul placement et qu'il affiche un mauvais rendement, tu
pourrais tout perdre ton argent.

Il faut aussi comprendre la relation du risque et
récompense. Oui, on peut faire des rendements
incroyables avec certains placements, mais le risque de
pertes est plus gros.

La plupart des gens disent qu'ils veulent les deux, le bon
rendement mais pas le risque, ou le moins de risque
possible. Par contre, ces gens-là comprennent que les
marchés boursiers bougent mais obtiennent un
rendement positif à la hausse sur le long terme.

Si tu veux économiser pour l'achat d'une maison dans 8 ans et tu veux aussi économiser pour la retraite, ces 2 buts ont des horizons de placements différents, donc 2 profil de risque différents. Les montants investit pour la retraite peut avoir un peu plus de risque puisque c'est un but à long terme. (Parce que si les marchés boursiers tombent, tu vas avoir amplement d'années pour le rattraper)

Chapitre 14

Mes choix ?

Il y a trois principaux types de placements :

- Certificat de placement garanti   (CPG)
- Fonds mutuel
- Actions

Par contre, les placements qu'on peut détenir dans notre compte dépend d'où est notre compte. (quel genre d'institution)

Par exemple :

A la banque :   seulement des CPG et fonds mutuel.

Une firme en valeurs mobilières : CPG, fonds mutuel, actions, options, FNB, etc.

Pourquoi ouvrir un compte à la banque si on est limité avec les placements ?

1) La pluparts des firmes en valeurs mobilières exigent un minimum de placements de 100,000$ ou plus.
2) Les frais. Les firmes en valeurs mobilières ont plus de frais puisque c'est une gestion de portefeuille. Il y a plusieurs modèles de types de comptes et de frais, mais un des plus populaires est le frais de gestion de 1-2% annuel.
3) Les frais de la banque sont très minimes, et ceci est mieux pour les petits comptes.

Pour les jeunes adultes, c'est peut-être mieux de garder les actifs à la banque en attendant que les actifs grossissent pour ensuite aller vers la gestion de portefeuille.

Chapitre 15:

C'est quoi un CPG?

- Certificate de placement garanti
- Un des outils de placements le plus simple
- Ton argent est protégé, sous réserve de certaines limites, par la **Société d'assurance-dépôts du Canada**.
- Un CPG a un taux et une date de maturité.
- En général, le placement minimal est de 500 $ ou 1000 $.
- Les intérêts peuvent être versés tous les mois, tous les trois mois, tous les six mois, une fois par année ou seulement à la date d'échéance.

Par exemple :

- CPG, 1 an, avec un taux de 5%
- Acheté le 31 oct. 2017
- $1000 de capital

Donc à la date d'échéance, le montant déposé dans le compte sera de 1,050$. 5% semble peu, mais il faut se rappeler de la notion de risque et récompense.

La plupart des banques offrent trois catégories de CPG

1) Le CPG à Taux garanti : comme expliqué plus haut
2) CPG lié aux marchés : capital protégé, rendement associé à un placement en actions, donc peut prendre plus de valeur.
3) CPG lié aux taux d'intérêt : capital garanti, et le taux d'intérêt augmente ou diminue en relation au *taux préférentiel**

_____

*

- Le taux d'intérêt préférentiel (prime rate) correspond au taux d'intérêt qu'imposent les banques à leurs clients les plus solvables.
- C'est un taux de référence sur lequel on négocie tous les prêts, par exemple : taux préférentiel + 3%)
- et c'est fondé sur le taux de financement à un jour déterminé par la Banque du Canada

Lorsque j'explique le CPG aux ados, j'ai souvent la question : ' *Si le CPG est garanti, devrais-je investir tous mes sous dans ce placement ?'*

En 1981, la réponse de plusieurs était oui. Par contre, maintenant les taux d'intérêts sont très bas. London Life* a publié un article montrant l'historique des taux de CPG, 5 ans :

- 1980 :   12.3%
- 1981 :   15.4%
- 2008 :   3.0%
- 2009 : 1.9%

(*   https://www.ratehub.ca/blog/the-history-of-gic-rates/)

Comme on peut voir, les taux sont maintenant très bas, et la raison pour la popularité des fonds mutuel at actions.

Chapitre 16:

C'est quoi un fonds mutuel ?

Un fonds mutuel est composé d'un ensemble de placements, comme des actions, des obligations et d'autres fonds, qui sont détenus par un groupe d'investisseurs et gérés par un gestionnaire de portefeuille professionnel.

Ce qui veut dire :

- Ton argent est jumelé avec l'argent des autres investisseurs
- Avec l'argent total, le gestionnaire investit dans plusieurs placements
- Le choix de placements du gestionnaire est basé sur l'objectif du fonds.
- Tu détiens donc des unités de ce fonds mutuel
- Il y a plusieurs fonds de disponibles
- Le nom du fonds mutuel donne une idée des placements détenus.
- Par exemple, un fonds **Équilibre Amérique** : un fonds équilibré (moitié actions, moitié revenu fixe), donc moyen en risque. Et les placements vont venir de l'Amérique (par exemple, des actions telles qu'Amazon, Starbucks, Facebook ....)

Comment savoir quel fonds mutuel acheté ?

Il y a tellement de différents fonds disponible sur le marché, mais ton conseiller va pouvoir t'aider.

Le conseiller va te demander des questions pour arriver à un profil d'investisseur, incluant ta tolérance au risque. C'est-à-dire, est-ce que tu comprends et peux prendre le risque d'un fonds plus volatile, ou tu es très conservateur.

Si ta connaissance des marches et des placements est très faible, je recommande que tu laisses le conseiller te guider. Les recommandations du conseiller vont être basées sur ton profil d'investisseur.

Je peux commencer avec peu d'argent ?

Plusieurs institutions offrent l'achat automatique d'un minimum de 25$ par mois

Par exemple :

Le fonds que tu as choisi est le fonds de croissance canadien :

- Le fonds est présentement à 9.50$ par unité
- Tu investis 25$
- Tu détient donc : 2.632 unités

Chapitre 17: C'est quoi une action ?

- Une action est une part de la propriété d'une entreprise publique
- Des exemples de compagnies publiques :   Apple, Facebook, Starbucks, Pepsi, Nestlé
- L'action représente un droit sur l'actif et le bénéfice.
- Donc tu deviens 'actionnaire' de la compagnie. Ceci ne veut pas dire que tu as du pouvoir dans la compagnie, mais plutôt un droit de vote (le droit d'élire de conseil d'administration)
- Les actions se vendent sur les marchés boursiers, comme au Canada; le Toronto Stock Exchange TSX.
- Il faut plus de sous pour acheter des actions (à comparer aux fonds mutuels). Par exemple, **une** action de Facebook le 2 août 2018 était à 171.65$.
- Les actions ne comportent aucune garantie.
- Mais à long terme, les placements en actions génèrent un rendement moyen de 10 % à 12 % (Source: Andex 2008).

Pour une compagnie privée, tel un dépanneur, les actions ne se vendent pas ouvertement sur le marché. (On peut acheter des actions d'une compagnie privé, et c'est appelé de *l'action privée.*)

Comment je peux acheter des actions ?

- Il faut avoir 18 ans pour acheter des placements
- Pour ouvrir un compte chez une firme en valeurs mobilières, il faut avoir le minimum d'actifs, par exemple un minimum de 100,000$.
- On peut ouvrir un compte en ligne. Par exemple la Banque Royale a une division 'placements en direct'. On peut ouvrir un compte en ligne et faire des transactions avec un coût par transaction. (pas de conseil, il faut faire nos propres achats/ventes)

Peut-on vraiment faire de l'argent à la bourse ?

- Les actions n'ont pas de garanties comme les CPG.
- à long terme, les marchés boursiers ont des rendements positifs à la hausse.
- Il y a 2 façons populaires de faire de l'argent avec des actions. Le 'trading' et le placement à long terme. Le **'trading'**, pour les gens qui veulent faire leurs propres transactions. Il faut suivre le marché, lire les états financiers, comprendre les indications du marché, etc. Le **placement à long terme** est simplement d'acheter des actions d'une compagnie qu'on aime et garder longtemps.
- Une manière certaine de perdre de l'argent c'est de réagir comme les gens autour de nous. Plusieurs achètent lorsque tout monde en parle et vendent les actions lorsque tout le monde panique. Lorsqu'il y a une baisse dans le marché, c'est le temps d'acheter, pas de vendre !

- L'autre manière de perdre beaucoup d'argent est d'acheter des 'penny stocks'. (des actions qui transigent en bas de 5$ par action avec un très bas volume). Oui, on peut aussi faire de l'argent, mais il y a énormément de risque, c'est considérer une 'spéculation'.
- Il faut rester loin des conseiller qui pousse un 'penny stock'. Un conseiller peut se faire embarquer dans un 'pump and dump' , qui est illégale.
- Le 'pump and dump' est lorsque le conseiller achète, pour lui-même et sa famille des actions a très bas prix. Après, il en achète pour tous ses clients. Puisqu'il en achète pour tous ses clients, le prix sur le marché augmente, donc c'est le temps pour lui de vendre ses actions.
- Il faut trouver un conseiller qui va être honnête et avec qui on est confortable. Ce conseiller va expliquer sa philosophie de placement, et va t'aider avec la gestion de tes actifs.

Chapitre 18 : Mes autres choix ? FNB, options, etc.

Tu es prêt à investir, mais tu veux savoir les autres choix ?

Il y a d'autres choix, tel que les fonds distincts, les FNB et options.

Le Fonds distinct

- Similaire au fonds mutuel
- L'argent est jumelé avec le reste des investisseurs
- Vendu par des compagnies d'assurance vie
- Fourni une garantie au décès et maturité
- Protection éventuelle contre les créanciers
- La prestation de décès n'est pas soumise aux frais d'homologation si les bénéficiaires sont nommés dans le contrat.
- A habituellement un ratio des frais de gestion plus élevé que le fonds commun de placement.
- Il peut y avoir une pénalité pour un retrait avant l'échéance.
- On peut commencer à investir avec 50$ par mois.

FNB

- Fonds negociés en Bourse
- Similaire au fonds mutuel, mais acheté et vendu sur la bourse comme les actions.
- Des frais plus bas qu'un fonds mutuel
- On connait le prix instantanément comme une action (le fonds mutuel ; le prix est fixé en fin de journée)
- Les banques ne peuvent pas offrir, seulement les firmes en valeurs mobilières.

Options

- Un produit dérivé:
- La valeur fluctue en fonction de l'évolution du taux ou du prix d'un autre produit appelé sous-jacent. Exemple. Une action de la Banque TD, on peut acheter (ou vendre) une option sur cette action.
- Qui requiert peu ou pas de placement initial
- Le règlement s'effectue à une date future.
- C'est un contrat entre un acheteur et un vendeur
- L'acheteur de l'option obtient le droit, et non pas l'obligation, d'acheter ou de vendre un actif sous-jacent à un prix fixé à l'avance.
- On détient le droit, et non pas l'action de la compagnie.
- L'option d'achat est un 'call'.
- L'option de vendre et un 'put'.
- (donc on peut acheter ou vendre l'option d'acheter ou de vendre une action)

Exemple :

- Tu veux acheter des actions de la Banque Royale.
- Tu penses que le prix va augmenter dans les prochains mois, mais tu n'es pas assez confiant pour investir beaucoup de sous.
- Tu achètes un 'call' avec une date de maturité dans 7 mois.
- Avec un prix fixé à l'avance (Strike Price) de 92$
- La Banque Royale est présentement à 91$
- Tu payes une prime de $4.85 pour 1 contrat
- (1 contrat équivaut à 100 actions)
- Donc tu dépenses 485$ au lieu de 9100$
- (1 contrat * 4.85*100) au lieu de (100 actions * 91)
- Si le prix de l'action tombe au lieu de monter, tu perdras 485$ au lieu de 9100$

Si le prix de la Banque Royale monte ?

Par exemple, au mois de juin, tu réalises que le prix de l'action est maintenant à 120$:

Tu exerces ton droit, donc tu achètes 100 actions de la Banque Royale à 92$. Tu te retournes vers le marché et tu vends les actions à 120$ le même jour.

Ton profit:

Déc. 2018 : Achat de l'option = 485$
Juin 2019:   exercice de l'option =   9,200$
Total : 9685$

Juin 2019 : vente des actions : 12,000$

Profit : 12,000$ - 9,200$ =   2,315

Sommaire

Il y a beaucoup de choix de placements.

Si tu n'as pas beaucoup d'expérience et tu n'as pas beaucoup à investir, tu vas sûrement choisir le fonds mutuel.

L'étape d'économiser et d'investir est beaucoup plus importante que de bien comprendre les marches boursiers et les placements.

Chapitre 19 : C'est quoi un REER et CELI ?

Tu es prêt à faire des placements, mais par quoi tu commences ?

Tu entends surement les gens autours de toi de parler de compte :

- Comptant ou marge
- REER (régime enregistré épargne –retraite)
- CELI (compte épargne libre impôt)

Dans quel type de compte tu commences ? C'est une discussion à avoir avec ton conseiller, mais voici la description des types de comptes.

Avant tout, il faut comprendre la différence entre un compte enregistré et non-enregistré

Compte enregistré :

- Enregistré auprès du gouvernement fédéral
- Contributions et retraits vérifiés par le gouvernement, et il y a des limites aux droits de contributions et/ou retraits.
- Il y a des pénalités si on ne suit pas les règles.
- Faire croitre l'investissement à l'abri de l'impôt.
- Les revenues : intérêt et dividendes sont reçus à l'abri de l'impôt.

> Exemple, tu investis 1000$.
> Le compte grossi a 1400$
> Le 400$ de gains est non-imposable

Compte non-enregistré

- On appelle ça aussi un compte comptant
- Tu peux déposer et retirer comme tu veux
- Les revenues (gains en capitaux, intérêts et dividendes) sont imposables.
- Aucune limite de cotisations

S'il n'y a pas de restrictions dans un compte- non-enregistré (le gouvernement fédéral n'a pas imposé des limites comme dans un REER), pourquoi ouvrir un autre type de compte ?

Voir les avantages et inconvénients dans les prochaines pages.

REER

- Régime d'épargne-retraite
- Pour plusieurs institutions; il faut avoir 18 ans pour ouvrir.
- Chaque année, tu as le droit de cotiser jusqu'à 18 % de ton revenu
- Il y a une limite annuelle, par exemple, 26,500$ en 2019.
- Les droits de cotisations inutilisés s'accumulent au fil des ans, mais il ne faut pas dépasser
- C'est peut-être difficile de garder ces chiffres en tête, mais on peut aller voir dans 'mon dossier' sur le site de Revenu Canada.
- La raison principale d'avoir un REER est d'épargner pour la retraite.....

- Puisque c'est un régime enregistré, le compte grossi à l'abri de l'impôt.
- Les contributions réduisent le revenu imposable (lorsqu'on fait notre impôt, puisqu'on reçoit des reçus)
- Une portion de notre REER peut être utilisée lors de l'achat d'une maison. (régime d'accession à la propriété)
- Une portion de notre REER peut être utilisée pour retourner aux études (régime d'encouragement à l'éducation permanente, REEP)
- L'année de notre 71ieme anniversaire, nous avons jusqu'au 31 décembre pour fermer notre REER, et nous avons trois choix :

- Retrait complet (ce n'est pas le but, le REER est fait pour nous donner un revenu tout au long de notre retraite) Le retrait complet va être imposable.
- Convertir en FERR, **Fonds enregistré de revenu de retraite**, qui va nous donner un revenu pendant notre retraite. On peut choisir la fréquence à laquelle on reçoit nos paiements, mais le minimum annuel doit être retiré. Ce choix est le plus populaire.
- L'achat d'une rente. Une rente, un produit d'assurance, est acheté dans le but de donner un revenu à la retraite. Le montant du paiement mensuel est connu à l'achat, puisque c'est calculé ave le montant du dépôt, le taux d'intérêt et l'espérance de vie d'une personne de ton âge. Ce n'est pas très populaire lorsque les taux d'intérêts sont bas.

Inconvénients d'un REER

- Puisque le REER est conçu pour épargner pour la retraite, il y a des frais et des impôts lors d'un retrait.
- Le retrait est en plus indiqué comme revenu sur la déclaration de revenus.
- Il y a une limite à notre droit de contribution de 18%. Pour les gens avec un revenu de 150,000$, par exemple, ils peuvent cotiser au maximum de 26,500$ (en 2019) seulement (et non 27,000$)
- Il y a une pénalité pour cotisations excédentaires de 1% par mois.

CELI

- Compte épargne libre d'impôt
- Compte enregistré, donc grossi à l'abri de l'impôt.
- Par exemple, tu investis 1000$ et le compte grossi à 1,500$. Le 500$ n'est pas imposable.
- Peut retirer en tout temps
- La cotisation maximale est pareille pour tout le monde. C'est 6,000$ en 2019.
- Tu dois avoir 18 ans
- L'année que tu as 18 ans, tu as le droit de contribuer, si tu es née un 31 décembre, tu ne perds pas ton année.
- Le droit de cotisation est cumulatif. (Les cotisations que tu n'utilises pas sont reportées aux années suivantes.)
- Tu peux ouvrir plusieurs comptes CELI, mais la cotisation annuelle doit être respectée.
- Le montant que l'on retire cette année peut être contribué l'année suivante.

Inconvénients d'un CELI

- Les cotisations excédant le plafond sont assujetties à une pénalité de 1 % par mois, pour chaque mois au cours duquel les excédents demeurent dans le compte.

Le retrait du CELI peut être fait en tout temps, mais il faut demander à votre conseiller s'il y a des frais. Par exemple, peut-être que votre argent est investi dans un fonds avec frais de sorties, ou l'institution a des frais pour petit retraits.

Sommaire

Tu vas entendre des gens se plaindre des REER.
La plupart du temps c'est à cause des impôts à payer. Il ne faut pas utiliser un REER comme un compte courant.

Pour avoir du succès avec un REER, il faut épargner pour la retraite, pas pour retirer pour faire un voyage....

Et le CELI,   on peut l'utiliser comme compte 'en cas où'
- En cas où j'ai besoin de réparer mon toit
- En cas où je dois m'acheter une nouvelle voiture cette année.
- En cas où je tombe malade et je n'ai pas d'assurance-salaire

Tu n'es pas obliger de savoir quel compte ouvrir, il faut simplement avoir une discussion avec ton conseiller, il/elle va te guider.

Astuce pour parent :

Il ne faut pas décourager vos enfants.
Même si vous avez eu une mauvaise
expérience avec un conseiller, des
frais, ou des impôts à payer, votre ado
doit faire ses propres placements.

La frustration vient souvent d'un
manque d'information ou de
communication avec le conseiller.

Puisque chaque situation est
différente, encourager votre ado à
épargner avant tout et de rencontrer
un conseiller que vous faites
confiance.

Chapitre 20 : Bien comprendre le tout

Avant de commencer ce chapitre, je pensais à mon fils de 15ans. Est-ce que ce genre d'information est assez clair pour lui pour prendre de bonnes décisions ? Est-ce que ça va être des outils qui vont l'aider à bâtir un succès financier ?

J'ai aussi 2 filles, mais je ne suis pas aussi préoccupé par eux. Pourquoi ? Elles ne semblent pas avoir d'obsessions de ce qu'elles voient sur YouTube et Instagram. Elles comprennent que de quitter la maison à 18 ans, pour le plaisir, n'est pas une bonne chose pour nos finances.

Mon fils semble penser que c'est possible de quitter la maison a 18 ans et de vivre une belle vie; un bel appartement, une voiture, des sorties au resto, etc, avec un emploi à temps partiel.

Il est pourtant très intelligent, mais n'a pas saisi la réalité de nos vies. Il est bon en mathématique, mais n'a pas réalisé à quel point la vie coute cher.
J'espère que la carte de crédit ne servira pas à imiter les gens sur Instagram, cette vie virtuelle n'est pas réaliste.

Mon garçon va peut-être être embarrassé par ce que je dis sur lui, désolé mon cher, mais tu es un bel exemple d'un ado d'aujourd'hui.

Qu'est-ce qu'on peut faire avec un ado qui rêve du 'succès' comme il voit sur Instagram, des images d'un jeune de 20 ans qui conduis une Lamborghini ?

Je fais des ateliers avec des ados, et leurs parents, avec les sujets comme dans ce livre. Un de mes buts c'est d'ouvrir la conversation entre parent/ado à propos de la réalité de ce qu'on voit sure les réseaux sociaux. Il faut en parler.

'Rome ne s'est pas faite en un jour', est une citation que j'aime beaucoup, parce que c'est tellement vrai.

Bâtir une richesse prend du temps.

Oui, c'est vrai, il y a des gens qui gagnent a la loterie, et d'autres qui vendent leurs site web pour des millions de dollars. Mais pour la plupart des gens, c'est un mois à la fois.

Il ne faut pas se comparer aux autres, c'est la manière sûre de se laisser emballer et de s'endetter. Fait tes propres choses.

Pour terminer

J'espère que ce livre t'a donné assez d'outils pour prendre de bonnes décisions financières durables.

Les bonnes habitudes d'épargnes que tu bâti maintenant vont t'aider dans le futur.